34
황금 양을 타고 날아간 프릭소스

주니어RHK

신화의 가치

신화는 한 민족의 기원이나 역사적 · 종교적 · 문화적 삶의 모습을 보여 주는 옛이야기입니다. 주로 신과 영웅에 관한 이야기가 많고, 오랫동안 입에서 입으로 전해 내려왔다는 특징이 있지요.

우리가 살펴볼 그리스 로마 신화는 고대 그리스와 로마에 전해 오는 신화와 전설을 한데 묶은 것입니다. 그리스 로마 신화는 고대의 삶을 엿보게 해 주는 문화유산일 뿐만 아니라, 세계 여러 나라의 문학과 미술에 큰 영향을 끼쳤습니다. 하지만 문화적 가치만큼이나 중요한 것이 또 있습니다. 오래된 옛이야기이면서도 거기에 담긴 교훈적 가치가 오늘날에도 여전히 쓸모 있고 중요하다는 사실입니다.

놀랍지 않나요? 수천 년 전의 이야기가 어떻게 과학 문명이 고도로 발달한 오늘날에도 통하는 것일까요? 그것은 바로 그리스 로마 신화에 나오는 신과 영웅의 모습이 오늘날 우리의 모습과 다르지 않기 때문입니다. 신들도 우리처럼 분노하고, 질투하고, 실수를 하지요. 그런 모습을 보면서 우리는 깔깔 웃거나 눈물을 흘리고, 교훈과 감동을 얻습니다. 우리가 그리스 로마 신화를 읽어야 하는 까닭이 바로 이것입니다.

신화의 세계로 떠날 여러분에게 한마디 덧붙이자면, 신화는 우리에게 끝없는 상상력을 요구한다는 점입니다. 신화 속에는 수많은 은유와 상징이 곳곳에 널려 있지요. 따라서 신화를 읽을 때에는 상상력을 최대한 발휘하여 신화 속에 숨겨진 의미를 찾고, 그것을 자기 나름대로 재해석하는 과정이 필요합니다. 이렇게 읽었을 때에야 비로소 여러분 앞에 놀라운 삶의 이야기가 펼쳐질 것입니다.

자, 그럼 흥미진진한 신화의 세계 속으로 함께 떠나 볼까요?

어머니 네펠레가 쫓겨나고,

프릭소스와 헬레는 새어머니 이노와 함께 지내게 됩니다.

이노는 두 남매를 무섭게 구박하고 결국 계략을 꾸며

두 남매를 신의 제물로 바치려고 합니다.

남매는 제물이 되어 목숨을 잃을까요,

아니면 이노에게서 벗어나 무사할 수 있을까요?

주요 등장인물

이노

보이오티아의 새로운 왕비예요.
잔꾀를 잘 쓰고 잔인해요.
프릭소스와 헬레를 몹시 싫어해서
아타마스 왕을 속이고
남매를 죽이려 해요.

아타마스 왕

보이오티아의 왕으로 프릭소스와
헬레의 아버지예요. 귀가 얇고
생각이 짧아요. 이노에게 속아
자녀를 죽이려 해요.

아이에테스 왕

콜키스의 왕이에요.
황금 양을 타고 온 프릭소스를
딸 칼키오페와 결혼시켜요.

네펠레 왕비

프릭소스와 헬레의 어머니예요.
남매가 죽을 운명에 처하자
헤르메스에게 도움을 청해
구해 주어요.

프릭소스

아타마스 왕과
네펠레 왕비의 아들로
의젓하고 생각이 깊어요.
새어머니 이노로부터 도망가
콜키스의 왕이 돼요.

헬레

프릭소스의 동생으로
마음이 여려요. 새어머니
이노가 죽이려 하자
프릭소스와 함께 도망쳐요.

1
무서운 음모

"내가 시키는 대로 하세요.
신전에는 꼭 내가 고른 사람을 보내세요."

보이오티아 왕국에는 오래된 전통이 하나 있었습니다. 봄이 오면 곡식 창고에서 밀의 씨앗을 꺼내 백성들에게 나눠 주어 밭에 뿌리게 하는 것이었습니다. 프릭소스와 헬레를 없애기 위해 이노는 이 전통을 이용하기로 마음먹었습니다.

"제가 직접 백성들에게 특별한 선물을 하고 싶어요. 밭에 뿌릴 씨앗을 제가 준비할게요. 왕께서 허락해 주시면 좋겠습니다."

"역시 이노 당신은 정말 고운 마음씨를 갖고 있소."

이노의 *속셈을 알지 못하는 아타마스 왕은 이노를 칭찬했습니다. 왕은 곧 온 나라에 알려, 왕비가 너그러운 마음으로 준비한 씨앗을 뿌리라고 지시했습니다.

하지만 그 씨앗은 왕실 창고에 있던 좋은 씨앗이 아니었습니다. 이노가 데려온 *심복들이 남몰래 불에 볶아 놓은 씨앗이었습니다.

그리스 인들은 무엇을 먹었을까요?

그리스 사람들은 밀과 보리를 재배하여 주식인 빵과 오트밀을 만들어 먹었어요. 콩, 양파, 마늘과 양배추, 올리브기름으로 간단하면서도 몸에 좋은 음식을 만들었지요. 고기는 주로 신에게 제사를 지내는 성스러운 날에 먹었으며 평소에는 생선과 해산물을 많이 먹었어요. 도시들이 대부분 바다와 가까워서 바다에서 숭어와 고등어, 철갑상어, 오징어와 문어 등을 넉넉히 잡았지요. 아침에는 보통 포도주에 적신 빵과 무화과 몇 개를 먹었다고 해요.

*속셈 마음속으로 하는 궁리나 계획.
*심복 마음 놓고 부리거나 일을 맡길 수 있는 사람.

"이노 왕비는 정말 착한 분이야. 우리를 위해 씨앗까지 마련해 주시고. 올해도 풍년이 들 거야."

"맞아. 하늘도 왕비의 정성에 감동해서 비를 내려줄 거야."

백성들은 왕실에서 나누어 준 씨앗을 정성껏 밭에 뿌렸습니다.

하지만 시간이 흘러도 씨앗에서는 싹이 트지 않았습니다. 게다가 오랫동안 비도 내리지 않았습니다. 사람들은 물을 길어다 밭에 뿌렸지만 싹이 틀 기미는 보이지 않았습니다. 싱싱한 씨앗이 아니라 불에 볶은 씨앗에서 싹이 틀 리가 없지요. 하지만 아무도 그 사실을 알지 못 했습니다.

곡식이 자라지 않으니 사람들은 불안해하기 시작했습니다. 싹이 트지 않는 이유에 대해서도 소문이 떠돌았습니다. 아타마스 왕이 네펠레 왕비를 내쫓아서 그렇다고 하는 사람도 있고, 네펠레 왕비가 나쁜 짓을 저질러서 그렇다고 하는 사람도 있었습니다.

온 나라가 술렁거리자 이노는 아타마스 왕 앞에서 거짓 눈물을 흘리며 말했습니다.

"제가 하늘에 큰 잘못을 저질렀나 봅니다. 그렇지 않고서야 제가 나누어 준 씨앗이 싹이 트지 않을 이유가 없지요."

"무슨 그런 말을 하시오. 이노 당신이 착한 마음에서 한 일이지 않소. 당신의 정성은 백성 모두가 알고 있소."

"그래도 일 년 농사를 망쳤으니 누군가는 책임을 져야 합니다. 제가 기꺼이 벌을 받겠습니다."

아타마스 왕은 이번에도 이노의 눈물에 속았습니다.

백성들을 위해 눈물을 흘리는 이노가 정말 착하다고 생각했습니다. 그러면서도 씨앗에서 싹이 트지 않는 이유를 몰라 어찌할 바를 몰랐습니다.

이노는 아타마스 왕에게 속삭였습니다.

"싹이 트지 않는 건 분명히 신이 노했기 때문이에요. 델포이 신전에 사람을 보내 신의 뜻을 알아보는 게 어떨까요? 만약 신께 잘못을 저질러서 신이 노한 거라면 어떻게 해야 그 화를 풀 수 있을지 알아보는 게 좋겠어요."

아타마스 왕은 이노의 말이 맞다고 생각했습니다. 왕은 당장 시종장을 불러 델포이 신전에 사람을 보내라고 했습니다.

이노는 처음 씨앗을 볶을 때부터 왕이 신전에 사람을 보낼 것을 예상하고 있었습니다. 그래서 미리 시종장을 찾아가 음모를 꾸며 놓았습니다.

아폴론의 신전

〈아폴론 신전의 유적〉

그리스 사람들은 높은 산의 정상에서 신들과 만날 수 있다고 생각했어요. 그래서 산 중턱에 신에게 제사를 지내는 신전을 만들었지요. 델포이에 있는 아폴론 신전은 그리스에서 가장 유명한 신전 가운데 하나예요. 아폴론 신은 예언의 신이어서 미래를 묻는 물음에 대답을 해 주었지요. 지금도 웅장한 기둥들이 남아 있어, 신전의 거대한 규모를 짐작케 해요.

이노는 많은 금화가 든 주머니를 꺼내 시종장에게 내밀었습니다.

"아타마스 왕과 사람들이 씨앗이 싹트지 않은 건 프릭소스와 헬레 때문이라고 믿게 만들어야 해요. 눈엣가시 같은 그 애들을 없애야만 내 아들이 왕이 될 테니까요. 씨앗을 볶아 준 사람을 신전으로 보내세요. 그가 알아서 잘할 거예요."

어둠 속에서 시종장은 이노의 무섭고 차가운 눈빛에 얼어붙었습니다.

"내가 시키는 대로 하세요. 신전에는 꼭 내가 고른 사람을 보내세요."

시종장은 이노의 말대로 했습니다.

2
거짓 신탁

"신께서는 왕자님과 공주님 아니면 백성들,
둘 중 한쪽을 제물로 바쳐야만
이 재앙이 끝날 거라고 하셨습니다."

결국 이노의 충실한 신하는 이노가 시키는 대로 델포이 신전에 가는 척하더니 경치 좋은 곳에서 놀다 돌아왔습니다. 그러고는 아타마스 왕에게 이노가 일러 준 대로 말했습니다.

"씨앗의 싹이 트지 않은 것은 신께서 무척 *노여워하시기 때문이랍니다."

아타마스 왕은 무척 의아했습니다.

"신께서 무슨 일로 노하신 거지?"

"다름이 아니라 왕께서 요즈음 프릭소스 왕자님과 헬레 공주님에게만 정성을 쏟으신다고 신께서 무척 화가 났다고 합니다. 신

께서는 왕자님과 공주님 아니면 백성들, 둘 중 한쪽을 제물로 바쳐야만 이 *재앙이 끝날 것이라고 하셨습니다."

시종장과 신하는 돈에 눈이 멀어 이노가 시키는 대로 왕에게 거짓말을 했습니다.

*노여워하다 화가 치밀 만큼 분해하거나 섭섭해하다.
*재앙 뜻하지 아니하게 생긴 불행한 일이나 사고.

아타마스 왕에게는 *마른하늘에 날벼락 같은 소식이었습니다.

"아니, 이럴 수가! 어떻게 자식을 제물로 바친단 말인가!"

왕은 괴로워하며 한숨을 내쉬었습니다. 신의 노여움을 풀려면 백성들과 사랑하는 자식 중 하나가 희생되어야 한다니 어찌해야 좋을지 몰랐습니다.

사랑하는 자식을 제물로 바친다고 생각하면 가슴이 찢어질 듯 아팠습니다. 그렇다고 자신의 허물 때문에 죄 없는 백성의 목숨을 앗을 수도 없는 일이었습니다. 아타마스 왕이 망설이자 이노는 갑자기 울기 시작했습니다.

"누군가를 희생시켜야 한다니 마음이 아프시겠지만, 왕으로서 힘든 일도 해야 합니다. 차라리 저나 제가 낳은 자식이 제물이 되면 어떨까요?"

왕은 펄쩍 뛰며 *손사래를 쳤습니다.

제단에 바치는 제물

그리스 사람들은 신들의 보살핌을 받고 싶거나, 또는 신들에게 감사를 드리기 위해 제물을 바쳤어요. 제물은 대체로 들판에서 가장 먼저 수확한 과일이나 자신이 기르는 양, 염소, 황소 중에서 결점이 전혀 없는 것을 골랐어요. 가축은 제물로 결정되면, 신에게 바치기 위한 짐승이라는 걸 나타내기 위해 잘 손질하고 꽃이나 리본으로 만든 화관으로 꾸몄지요. 제물을 바칠 때면 소금과 술도 함께 올렸다고 해요. 술은 포도주를 잔에 넘칠 정도로 가득 채워서 올렸답니다.

*마른하늘 비나 눈이 오지 아니하는 맑게 갠 하늘.
*손사래 어떤 말이나 사실을 부인하거나 남에게 조용히 하라고 할 때 손을 펴서 휘젓는 일.

이노는 아타마스 왕이 망설이는 동안, 프릭소스와 헬레를 제물로 바쳐야 한다고 백성들을 부추겼습니다.

"왕에게 가서 자식을 바치라고 말해요. 그렇게 해서 신의 노여움을 풀지 않으면 우린 모두 굶어 죽을 거예요."

백성들은 이노의 말만 믿고 궁전 앞으로 몰려들었습니다. 오랜 굶주림에 시달린 백성들은 고래고래 소리를 질렀습니다.

"우리는 제물이 될 수 없습니다. 프릭소스 왕자와 헬레 공주는 죄인 네펠레의 자식입니다. 그들을 제물로 바쳐서 신의 노여움을 풀어야 합니다."

"왕이시여, 우리를 모두 죽음으로 내모실 겁니까?"

백성들의 고함 소리와 *위협에 아타마스 왕은 하는 수 없이 프릭소스와 헬레를 제물로 바치기로 했습니다.

*위협 힘으로 으르고 협박함.

프릭소스와 헬레가 제물로 바쳐진다는 소식은 쫓겨난 왕비 네펠레의 귀에도 들어갔습니다.

"신이 어찌 그리 잔인할 수 있단 말인가? 부모가 어찌 자식을 제물로 바칠 수 있단 말인가?"

네펠레는 눈물을 흘리며 목 놓아 울부짖었습니다. 그러고는 신탁이 믿겨지지 않아 직접 델포이 신전으로 달려갔습니다. 네펠레에게 델포이 신전의 여사제가 전해 준 말은 너무나 놀라운 것이었습니다. 보이오티아에서 신하가 신전으로 온 적도 없고, 신탁을 물어본 적도 없다는 것이었습니다.

네펠레는 이 모든 일이 이노의 계략이라는 것을 알게 되었습니다. 네펠레는 프릭소스와 헬레를 살려 달라고 헤르메스 신에게 빌었습니다.

"신이시여, 죄 없는 제 자식을 살려 주십시오. 제가 대신 그 벌을 받겠습니다."

한편 궁에서는 제사 준비가 진행되고 있었습니다. *제단을 쌓고 제물을 불태울 장작도 준비되었습니다. 병사들은 프릭소스와 헬레가 도망갈까 봐 남매의 손에 쇠고랑을 채웠습니다.

이노는 그것도 모자라 직접 밖에서 지키기까지 했습니다. 자신의 뜻대로 모든 일이 진행되자 이노는 무척 만족스러웠습니다. 그래도 내일 제사까지 무사히 마쳐야 안심할 수 있다고 다짐했습니다.

*제단 제물을 바치기 위하여 다른 곳과 구별하여 마련한 신성한 단.

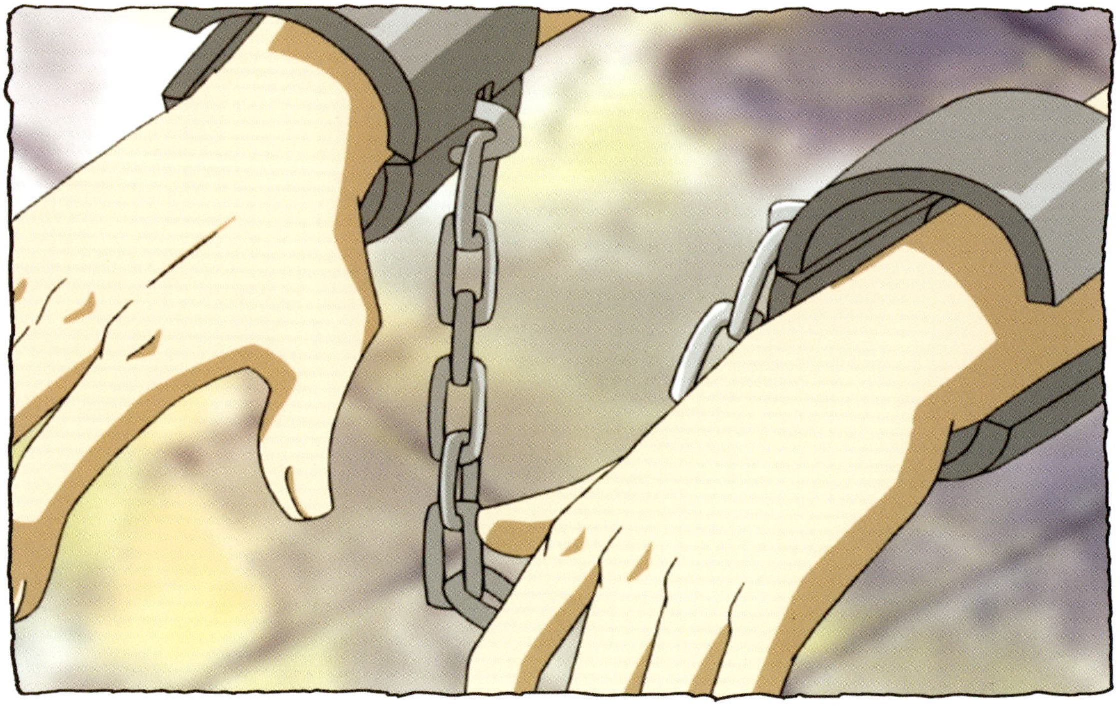

"오빠, 이제 어쩌면 좋아. 너무 무서워."

헬레가 두려움에 떨며 프릭소스에게 말했습니다.

"걱정하지 마. 신께서 우릴 버리지 않으실 거야."

프릭소스도 떨리는 목소리로 말했습니다. 프릭소스도 무섭기는 마찬가지였습니다. 가엾은 프릭소스와 헬레는 어둠 속에서 꼭 부둥켜안았습니다.

이윽고 날이 밝았습니다. 하늘은 먹구름이 끼어 캄캄했습니다. 프릭소스와 헬레를 태운 수레가 제단 앞에 도착했습니다.

칼과 창으로 무장한 병사들이 남매를 끌고 제단 위로 올라갔습니다. 두려움에 떠는 어린 남매는 제단 위 기둥에 단단히 묶였습니다. 제단 아래에는 장작더미가 산처럼 쌓여 있었습니다.

잠시 뒤 아타마스 왕과 이노가 왔습니다. 왕은 안타까운 눈길로 아이들을 바라보았습니다. 이노와 시종장은 왕의 마음이 변할까 봐 제사를 지내자고 *재촉했습니다.

*재촉하다 어떤 일을 빨리 하도록 조르다.

3
신이 보낸 황금 양

그때였습니다. 하늘을 가르고

한 줄기 빛이 내려와 제단을 비추었습니다.

빛 속에서 눈부신 구름 조각이 내려왔습니다.

헬레는 울면서 오빠를 불렀습니다.

"오빠, 어떻게 해? 너무 무서워!"

"걱정 마, 헬레야. 신은 죄 없는 사람을 절대로 벌 받게 하지 않아."

프릭소스는 동생을 달래 주었지만 무섭기는 마찬가지였습니다. 어머니 네펠레의 모습도 떠올랐습니다. 한때 누구보다 행복하게 지내던 가족이 이렇게 될 줄은 아무도 몰랐습니다.

헬레는 눈물이 범벅 된 얼굴로 사람들을 바라보았습니다.

프릭소스는 하늘을 올려다보며 헬레만이라도 살려 달라고 빌었습니다. 그 광경을 지켜보는 사람들 가운데에는 남매가 가여워서 눈물짓는 사람들도 있었습니다.

마침내 병사 하나가 장작더미에 불을 붙였습니다.

불길이 치솟으며 검은 연기가 하늘을 뒤덮었습니다. 그 속에서 프릭소스와 헬레는 괴로워했습니다.

그때였습니다. 하늘을 가르고 한 줄기 빛이 내려와 제단을 비추었습니다. 빛 속에서 눈부신 구름 조각이 내려왔습니다. 구름은 제단을 둘러싼 사람들을 모두 감싸는 듯했습니다.

잠시 후 구름 속에서 갑자기 황금 양이 튀어나왔습니다. 황금 양은 눈부시게 반짝거리는 황금 양털로 뒤덮여 있었습니다. 황금 양은 공포에 떨고 있는 프릭소스와 헬레 앞에 서더니, 무릎을 꿇었습니다. 마치 자기 등에 올라타라는 듯 보였습니다.

겁에 질려 있던 프릭소스와 헬레는 물론 모든 사람이 깜짝 놀라 이 모습을 지켜보았습니다.

어린 남매를 구해 달라는 네펠레의 기도를 듣고 헤르메스가 황금 양 카스말로스를 남매에게 보내 준 것입니다. 카스말로스는 신들의 *은총을 입어 하늘을 날 수도 있고 말을 할 수도 있었습니다.

"프릭소스와 헬레 님, 어서 저의 등에 올라타세요. 저는 여러분을 데리러 왔답니다."

헤르메스는 제단에 묶여 있던 아이들을 풀어 주어 황금 양에 올라탈 수 있게 해 주었습니다. 황금 양은 두 아이를 태우고 마치 한 마리의 새처럼 가볍게 하늘로 날아올랐습니다. 양의 황금빛 털은 너무나 눈부셔 마치 새로운 태양이 떠오른 것 같았습니다.

아타마스 왕과 이노, 모여 있던 사람들은 모두 놀라서 하늘만 쳐다보았습니다.

*은총 높은 사람에게서 받는 특별한 은혜와 사랑.

"제우스 신이시여, 헤르메스 신이시여! 우리를 버리지 않으셨군요. 감사합니다!"

황금 양을 탄 프릭소스와 헬레는 기쁨에 찬 목소리로 하늘을 향해 외쳤습니다.

4
아, 헬레여!

"오빠, 떨어질까 봐 무서워. 점점 손에서 힘이 빠지는 것 같아."

"황금 양이 우리를 안전한 곳에 내려줄 거야."

황금 양은 프릭소스와 헬레를 태우고 동쪽으로 날아갔습니다. 산을 넘고 바다를 지나 한없이 날아갔습니다.

"헬레야, 괜찮니? 떨어지지 않게 단단히 잡아."

프릭소스는 뒤에 앉은 헬레가 걱정되어 말했습니다.

"오빠, 떨어질까 봐 무서워. 점점 손에서 힘이 빠지는 것 같아."

"황금 양이 우리를 안전한 곳에 내려줄 거야. 무서워도 아래를 내려다보지 마. 그럼 괜찮을 거야."

하지만 얼마 가지 않아서 헬레는 불안해졌습니다. 자신들이 어디쯤 날고 있는지 궁금해서 아래로 눈을 돌렸습니다.

세상이 아찔하게 내려다보이자 헬레는 그만 현기증이 일었습니다. 그 순간 손에 힘이 풀리면서 붙잡고 있던 양털을 놓치고 말았습니다.

바다에 추락한 헬레

〈프릭소스와 헬레〉 임마누엘 기일

황금 양을 타고 날아가던 헬레가 바다에 빠졌어요. 프릭소스가 애타게 손을 내밀어 보지만 아슬아슬하게 닿지가 않아요. 더 내려갔다가는 프릭소스도 황금 양과 함께 바다에 빠질지도 몰라요. 보는 이의 마음을 안타깝게 만드는 그림이에요.

"오빠!"

외마디 소리를 지르며 헬레는 아래로 아래로 떨어졌습니다.

"헬레!"

프릭소스는 급하게 양을 아래로 몰아 헬레를 따라 내려갔습니다. 하지만 이미 헬레는 바다 속으로 사라졌습니다. 프릭소스는 헬레의 이름을 애타게 불렀지만 헬레의 목소리는 두 번 다시 들을 수 없었습니다.

프릭소스는 시커먼 바다 속으로 빠져 버린 헬레를 차마 두고 가지 못 하고 한참이나 그 위에서 맴돌았습니다. 프릭소스는 동생을 지켜 주지 못 한 자신에게 너무나 화가 났습니다.

"헬레, 너를 지켜 주지 못 해서 미안하구나. 어머니! 저는 이제 어쩌면 좋단 말입니까!"

프릭소스의 외침은 허공에 울려 퍼졌습니다.

바다에 빠진 헬레

사람들은 황금 양에서 떨어져 바다에 빠진 헬레를 불쌍히 여겼어요. 헬레를 기리기 위해 헬레가 빠진 바다를 '헬레스폰토스', 즉 '헬레의 바다'라고 불렀지요. 한편 헬레가 바다에 빠진 뒤 죽지 않았다는 이야기도 있어요. 바다의 신 포세이돈이 구해 주었다는 것이지요. 포세이돈과 결혼하여 파이온, 에도노스, 알몹스 등의 아들을 낳았다고 해요.

황금 양은 프릭소스를 태우고 쉬지 않고 날아갔습니다. 저녁이 되자 *석양을 받으며 *수평선 위로 육지가 보였습니다. 황금 양은 대리석으로 된 궁이 있는 아름다운 도시에 프릭소스를 내려놓았습니다. 프릭소스는 함께 오지 못 한 헬레를 그리워하며 한참 동안 바다를 바라보았습니다.

프릭소스가 내린 곳은 흑해의 동쪽 바닷가에 있는 콜키스라는 나라였습니다. 콜키스의 궁전은 대리석 기둥마다 포도 넝쿨이 타고 올라가 아주 멋졌습니다.

궁전 앞에는 네 개의 샘이 흐르고 있었습니다. 첫 번째 샘에는 우유가, 두 번째 샘에는 술이, 세 번째 샘에는 올리브기름이 흘렀습니다. 그리고 네 번째 샘에는 겨울에는 따뜻한 물이, 여름에는 시원한 물이 흘렀습니다.

'헬레, 이 아름다운 곳에 너와 함께 왔어야 했는데…….'

프릭소스가 건너 온 바다 흑해

프릭소스는 황금 양을 타고 '에욱세이노스'를 건넜다고 전해져요. 그리스 사람들은 세상이 원반 모양의 평평한 땅이라고 생각했어요. 또 바다를 건너 서에서 동으로 갈 수 있으며 땅이 두 개로 분리되어 있다고 믿었어요. 그 바다를 '지중해'라고 불렀으며 이어지는 바다를 '에욱세이노스'라고 했어요. 처음에는 적대적인 바다라는 뜻으로 '악세이노스'라고 불렀는데, 그 까닭은 그리스 사람들이 그 바다에 접근하는 것이 쉽지 않았기 때문이었지요. 지금은 이곳을 '흑해'라고 부른답니다.

*석양 저녁때의 햇빛.
*수평선 물과 하늘이 맞닿아 경계를 이루는 선.

콜키스의 왕 아이에테스는 황금 양을 타고 날아오는 프릭소스를 보았습니다. 아이에테스 왕은 하늘을 나는 황금 양이 너무나 신기해서 프릭소스가 내린 곳으로 달려왔습니다.

왕은 프릭소스를 왕궁으로 초대했습니다. 프릭소스는 새어머니 이노의 계략으로 생긴 일들과 동생 헬레의 죽음을 이야기했습니다.

"저런, 어린 나이에 고생이 많았구나. 헬레의 일은 정말 안됐다. 몸도 마음도 지쳤을 터이니 이곳에서 편히 쉬어라."

아이에테스 왕은 프릭소스가 가여웠습니다. 그래서 자신의 왕궁에서 머물라고 권했습니다. 프릭소스는 오랜만에 편안히 쉴 곳을 찾아 마음이 놓였습니다.

5
콜키스의 왕 프릭소스

"황금 양을 잡아 저를 구해 주신
제우스 신과 헤르메스 신에게 제사를 지낼 생각입니다.
그리고 황금 양의 털가죽은 왕께 선물로 드리겠습니다."

아이에테스 왕은 황금 양에 관심이 많았습니다. 프릭소스는 황금 양이 풀을 뜯고 있는 초원으로 왕을 안내했습니다. 양털의 금빛이 밝게 빛나 숲의 나무들이 온통 황금빛으로 물들었습니다.

"오, 이렇게 빛나는 양털이 있을 수가!"

왕은 눈이 부셔 손으로 눈을 가렸습니다.

"황금 양을 잡아 저를 구해 주신 제우스 신과 헤르메스 신에게 제사를 올릴 생각입니다. 그리고 황금 양의 털가죽은 왕께 선물로 드리겠습니다."

아이에테스 왕은 프릭소스의 선물 이야기에 매우 기뻐했습니다.

하늘의 별이 된 황금 양

〈황도대 중에 양자리〉 야곱 요르단스

프릭소스는 자신을 구해 준 황금 양을 제물로 바쳐 제우스에게 제사를 올렸어요. 제우스는 프릭소스가 감사의 마음으로 올린 제사가 마음에 들었지요. 그래서 제우스는 프릭소스를 구하느라 수고한 황금 양을 하늘의 별로 만들어 주었어요. 그 별은 양자리가 되어 가을 남쪽 하늘에 나타나는 별자리가 되었지요. 황소자리, 페르세우스자리, 물고기자리 옆에 있답니다.

제사가 끝나자 아이에테스 왕은 황금 양의 털가죽을 전쟁의 신 아레스의 숲으로 가져가 커다란 떡갈나무에 매달아 놓았습니다.

'이 귀한 양털을 잘 지켜야 할 텐데…….'

아이에테스 왕은 황금 양털을 지키기 위해 꾀를 내었습니다. 왕에게는 메데이아라는 딸이 있었습니다. 첫 번째 아내와의 사이에서 태어난 칼키오페와는 배다른 자매였습니다. 메데이아는 헤카테 여신을 모시는 사제로, 마법을 쓸 줄 알았습니다.

왕은 메데이아에게 바다의 용을 불러내게 했습니다. 그 용은 등에 철갑을 두르고, 입에는 독을 내뿜는 시뻘건 혀를 가지고 있었습니다. 메데이아의 마법으로, 용은 그날부터 나무를 휘감고는 귀한 황금 양털을 밤낮으로 지켰습니다.

프릭소스는 아이에테스 왕의 딸인 칼키오페와 결혼식을 올렸습니다. 둘은 아르고스, 멜라스, 프론티스, 키티솔로스라는 이름의 자녀들을 낳았습니다. 프릭소스는 평생을 아이에테스 왕의 궁전에서 살았습니다.

하지만 아이에테스 왕은 언젠가부터 프릭소스를 멀리하기 시작했습니다.

언젠가 자신이 아이올로스의 후손에게 죽임을 당할 거라는 신탁을 들었기 때문입니다. 프릭소스의 아버지 아타마스 왕이 바로 아이올로스의 아들이었습니다. 즉, 프릭소스는 자신을 죽일 아이올로스 집안의 후손이었던 것입니다.

두려움에 사로잡힌 아이에테스 왕은 결국 프릭소스를 죽였습니다. 그리고 자신이 온전히 황금 양털의 주인이 되었습니다.

아이에테스 왕은 황금 양털을 보물로 잘 간직했습니다. 황금 양털을 잃어버리면 집안에 큰 불행이 닥칠 거라는 예언이 있었기 때문이지요. 메데이아가 마법을 부려 불러낸 무시무시한 용이 두 눈을 부릅뜨고 황금 양털을 지켜 주어 마음을 놓았습니다.

그 뒤로 많은 사람들이 황금 양털을 훔치러 왔지만, 모두 용에게 잡혀 죽었습니다. 황금 양털은 콜키스를 지켜 주는 보물이 되었습니다.

신화 뒷이야기

OLYMPUS GUARDIAN

프릭소스는 남은 일생을 아이에테스 왕의 궁전에서 살았지만 자식들까지 행복하게 살지는 못했습니다. 아이에테스 왕이 프릭소스를 죽이고 칼키오페와의 사이에서 낳은 자식들을 나라 밖으로 추방했기 때문입니다.

프릭소스와 칼키오페는 아르고스, 멜라스, 프론티스, 키티솔로스라는 네 명의 자식을 두었습니다. 이들은 아버지가 죽자 할아버지 아타마스 왕의 유산을 받기 위해 떠납니다. 그러던 중 타고 가던 배가 부서져 아레스라는 섬에서 떠돌고 있을 때 아르고 원정대를 만나게 됩니다. 아르고 원정대는 프릭소스가 콜키스에 남긴 황금 양털을 되찾으러 모험을 떠나온 사람들입니다. 아르고 원정대의 대장은 이아손이었는데, 이들과는 친척이었습니다.

네 형제들은 아르고 원정대와 함께 콜키스로 돌아가서 어머니 칼키오페에게 이아손을 소개합니다. 칼키오페는 이아손을 메데이아와 연결해 주어 이아손이 황금 양털을 되찾을 수 있도록 도와주었습니다.

황금 양털에서 아르고 원정대까지 이어지는 이야기는 아이올로스 가문의 후손들의 이야기입니다. 아이올로스의 아들 아타마스와 크레테우스 그리고 살모네우스와 그의 딸 티로가 이 신화와 연결되어 있습니다. 아타마스의 아들이 프릭소스이고, 크레테우스는 살모네우스의 딸 티로와 결혼하여 아이손을 낳게 됩니다. 아이손의 아들인 이아손이 아르고 원정대 이야기의 주인공입니다.

프릭소스 이야기의 끝을 장식한 황금 양털은 아르고 원정대 이야기의 출발점이 됩니다.

올림포스 신들의 계보

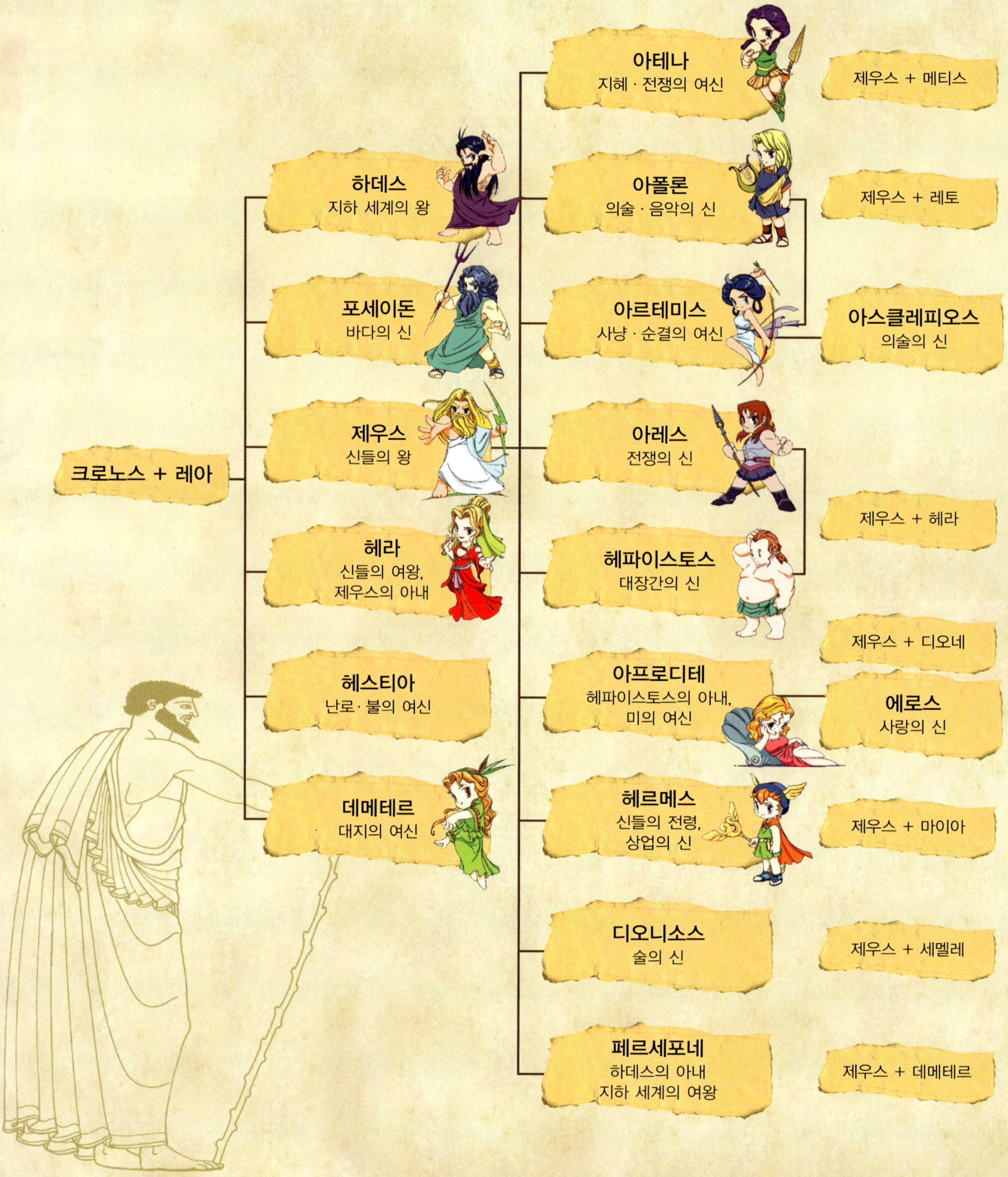
크로노스 + 레아
하데스
지하 세계의 왕
포세이돈
바다의 신
제우스
신들의 왕
헤라
신들의 여왕,
제우스의 아내
헤스티아
난로 · 불의 여신
데메테르
대지의 여신
아테나
지혜 · 전쟁의 여신
제우스 + 메티스
아폴론
의술 · 음악의 신
제우스 + 레토
아르테미스
사냥 · 순결의 여신
아스클레피오스
의술의 신
아레스
전쟁의 신
제우스 + 헤라
헤파이스토스
대장간의 신
제우스 + 디오네
아프로디테
헤파이스토스의 아내,
미의 여신
에로스
사랑의 신
헤르메스
신들의 전령,
상업의 신
제우스 + 마이아
디오니소스
술의 신
제우스 + 세멜레
페르세포네
하데스의 아내
지하 세계의 여왕
제우스 + 데메테르

그리스 로마 신화 주요 인물의 이름

그리스 어	로마 어	영어
가이아	텔루스	
니케	빅토리아	나이키, 빅토리
데메테르	케레스	세레스
디오니소스	바쿠스	바커스
레아	키벨레	시벨레
아레스	마르스	마스
아르테미스	디아나	다이애나
아테나	아테네, 미네르바	
아폴론	아폴로	아폴로
아프로디테	베누스	비너스
에로스	쿠피드, 아모르	큐피드
오디세우스	울릭세스	율리시스
우라노스	카일루스	유러너스
제우스	유피테르	주피터
크로노스	사투르누스	새턴
페르세포네	프로세르피나	
포세이돈	넵투누스	넵튠
하데스	플루톤	플루토
헤라	유노	주노
헤라클레스	헤르쿨레스	허큘리스
헤르메스	메르쿠리우스	머큐리
헤스티아	베스타	
헤파이스토스	불카누스	벌컨

그리스 로마 신화 올림포스 가디언 34

황금 양을 타고 날아간 프릭소스

펴낸이 양원석
펴낸곳 (주)알에이치코리아
등록 2004년 1월 15일 제2-3726호
주소 서울특별시 금천구 가산디지털2로 53, 20층 (한라시그마밸리)
문의전화 02)6443-8800

ISBN 978-89-255-4414-4(74800)
ISBN 978-89-255-4354-3(세트)

값 **12,800원**

원작 만화로 보는 그리스 로마 신화(가나출판사)
이광진 엮음, 홍은영 그림
명화 구입처 유로크레온(주)

※잘못된 책은 구입하신 곳에서 바꾸어 드립니다.
※책 모서리가 날카로워 다칠 수 있으니 사람을 향해 던지거나 떨어뜨리지 마십시오.

알에이치코리아 홈페이지와 카페, SNS로 들어오시면 자사 도서에 대한 더 많은 정보와 다양한 이벤트 혜택을 확인할 수 있으며, E-book몰에서는 전자북으로도 만나볼 수 있습니다.

주니어RHK 홈페이지 http://jrrhk.com | **E-book몰(RHK북스)** http://ebook.rhk.co.kr | **북카페** http://cafe.naver.com/randomhousekorea
페이스북 https://www.facebook.com/rhk.co.kr | **트위터** @randomhouse_kr | **유튜브** http://www.youtube.com/randomhousekorea